Este libro pertenece a

_____

¿Listos, corredores? Pretende que tu dedo es un auto de carreras y que el alfabeto dentro de la portada de este libro es una pista. ¿Cuánto tiempo le tomaría a tu dedo hacer una recorrida alrededor de las letras mayúsculas? (Mientras trazas las letras, un adulto pudiera medir el tiempo que te tome). Dentro de la contraportada del libro, hay otra pista: el alfabeto en letras minúsculas. ¡Corre con el dedo alrededor de esas letras también! Para divertirte mas, inventa una carrera usando solamente las letras de una palabra. Por ejemplo, ¿cuánto tiempo le tomaría a tu dedo recorrer por las letras de tu nombre? (Mientras mas practiques, mas rápido lo harás!)

YOU, ME, and the ABCs

Tu, Yo, y el Abecé

100 Actividades Listas para Leer para Niños y sus Adultos Favoritos

por
Michael J. Rosen
Ilustrado por
Maris Turner

Número de Control de la Biblioteca del Congreso: 2008939667 • ISBN: 978-0-6152852-0-7 Esta edición es hecha posible por los donantes a la fundación de Dallas.

Ilustraciones: Maris Turner, Diseño: Gregory Hischak. Primera edición: (Inglés), 2009. Primera edición: (Español), 2014. Imprimida en los Estados Unidos.

Ff

frog	fish	fin	float	friend	face	four	fly
rana	pez	aleta	balsa	amigo	cara	cuatro	mosca

Tu, Yo,
y el
Abecé

¡Como quieras! No tienes
que conocer todas las palabras para
leer este libro — ni ningún otro libro,
¡de veras! Solo sujeta el libro, voltea
las páginas, y habla de las cosas que
ves en los dibujos. Imagina lo que
los personajes están haciendo o
diciendo. O puedes inventar tu
propio cuento sobre lo que pudiera
estar sucediendo en cada página.

¡Arriba! ¡A Jugar!

Si cuentas todos los juegos, actividades y diferentes ideas para compartir las páginas, **Tú, Yo, y el Abecé** contiene mas de cien maneras para mejorar tu uso del alfabeto. Abre el libro a cualquier página. Salta de aquí a allá por todo el libro. No hay "orden", y es por eso que la letra destacada en cada página no está en orden alfabético. ¿Dónde quieres empezar?

¿Estás listo a salir fuera para un juego de alfabeto?
Ver páginas 8, 14, 16, 18, 29 y 46.

¿Quieres intentar hablar con un juego que use los oídos y la boca?
Ver páginas 7, 14 y 20.

¿Tienes suficiente hambre como para comerte el alfabeto completo?
Ver páginas 10 a 13, 22, 24 y 50.

¿Andas en busca de letras?
Ver páginas 15, 17, 46, 50 y 51.

Hh
hippo   happy
hipopótamo   feliz

¿Quieres ser creativo y hacer tu propio alfabeto?
Ver páginas 9, 17, 21 a 33, 40, 42, 48, 50 y 56.

 ¿Tienes ganas de menear tu cuerpo? Juegos que usan el cuerpo entero están en las páginas 8, y 36 a 39.

 ¿Estás apurado? ¡Entonces querrás ideas que ya estén listas para este momento!

¿Cómo pasaste del día hoy?

Antes de acostarte, toma algunos minutos para recordar tu día. Habla de los lugares que visitaste, amigos que viste, cosas que disfrutaste, comidas que probaste— ¡cualquier cosa! Pretende que estás leyendo en alta voz un periódico que está haciendo un reportaje sobre tí.

Letras
Paso a paso

Puedes caminar sobre las letras del alfabeto como un acróbata en la cuerda floja. A lo largo del camino, tu cuerpo entero llegará a conocer la forma de cada letra.

1 Dibuja una letra super grande en la acera con tiza. O traza una letra en la arena con un palito. O forma letras en el piso con hilo o estambre. (Si quieres, puedes pedirle a un adulto que te haga las letras).

2 Párate con los pies arriba de una letra y empieza a dar pasos. Traza la letra entera con tus pasos.

3 Entonces salta a otra letra. Trata de pisar las letras que deletrean una palabra entera. Hasta puedes hacer el sonido de la letra a la vez que mueves tos pies.

S s

| **shark** | string | snail | shoes | sand | seagull | step | stick | shovel | starfish |
| **tiburón** | hilo | caracol | zapatos | arena | gaviota | paso | palito | pala | estrella de mar |

Tu Propio Álbum Abecé

Puedes guardar letras y dibujos en un libro con páginas transparentes. Es como si guardaras fotos en un álbum de fotos. Usando revistas y periódicos viejos, puedes hacer un libro de alfabeto que cambie cada vez que le añades algo nuevo. Claro, puedes usar un álbum de fotos vacío. Pero también puedes hacer un álbum simple con 26 bolsas de plástico. (Las mejores son las del tamaño de un litro que se pueden resellar).

1 Pídele a un adulto que te grape todas juntas las 26 bolsas por la parte de abajo (esa es la parte que no se abre). Con tres grapas se logra cerrar. (También se pudiera coser o pegar con cinta adhesiva). Cada bolsa es para una letra del alfabeto.

2 Pídele a un adulto que use un marcador permanente para marcar cada bolsa con una letra.

3 Recorta letras de diferentes tamaños y colores. Añade palabras también, y hasta dibujos o fotos de revistas de cosas que empiecen con esa letra. (Si quieres, añádele una portada a tu libro: sólo tienes que pegar tus páginas con cinta permanente dentro de un pedazo de cartón doblado).

Aa

ant · apple · arm · airplane · ape
hormiga · manzana · brazo · avión · mono

Tazones con letras que te puedes comer

¡Usa tus fideos! Diviértete cada vez que comas cereal o fideos con forma de letras del alfabeto.

Trata de encontrar las letras de tu nombre en la taza. Desliza cada una a la cuchara y cómetela—o fíjate si te caben todas las letras en la cuchara. (¡Quizás se revuelvan antes de que te las tragues!)

¿Qué otras palabras puedes recoger con tu cuchara?

O intenta esto: Mete la cuchara en el tazón y mira qué letras puedes conseguir. ¿Puedes pensar en una palabra que comience con una de esas letras?

Bb

bear	bee	bowl	bed	blanket	brown	butterfly
oso	abeja	tazón	cama	frazada	marrón	mariposa

¿Qué palabras comienzan con una de las letras que están en la cuchara del oso aquí abajo?

"**Toes** (dedos de los pies) comienza con una **T**. Y **tiny** (pequeñito) y **Thomas** (Tomás). Y también **tonsils** (amígdalas)".

¿Puedes pensar en una palabra que contenga dos o tres, o todas las letras de la cuchara? (Quizás quieras que un adulto te ayude con eso).

Bat (murciélago) tiene dos de las letras. También **the** (el) y **ant** (hormiga).

Y ¡mira! **Hat** (sombrero) y **that** (eso) ¡tienen las tres letras!

Lleva contigo una bolsa de cereal de alfabeto para merendar—y para juegos de letras tambien. Casi todas las tiendas de víveres tienen fideos secos en forma de letras. Estos pueden ser usados en todo tipo de juego de palabras o ser pegados a tarjetas, o pintados.

Menú de hoy

desayuno
cereal de letras

almuerzo
sopa de letras

cena
macarrones de letras con queso

Tostadas de **Letras**

¿Qué te parece la idea de letras tostadas para el desayuno? ¿O un sándwich caliente de queso con tus iniciales para el almuerzo? Lo único que necesitas es un poquito de pintura de letras mágica...¡leche!

1 Mete tu dedo, o un hisopo, o una pequeña brocha nueva dentro de un poquito de leche, y dibuja una letra o mas en una rebanada de pan. (Lo que escribas va a desaparecer— ¡por lo menos por ahora!)

2 Pídele a un adulto que meta el pan en la tostadora o que tueste el pan para hacer un sándwich. De inmedíato verás que lo que escribiste aparece de nuevo en la tostada ¡como por arte de magia!

T t

tiger	toast	toaster	teeth	table	tail	toes
tigre	tostada	tostadora	dientes	mesa	rabo	dedos de los pies

Letras para Untar

Aqui tienes otra manera mas de saborear las letras del alfabeto. Solo debes añadir cereal de letras a cualquier merienda:

1 Escoge cualquier "corteza" que quieras: tostada, galletas, pretzels, pan pita...

2 Escoge tu guarnición favorita: mantequilla de maní, jalea, queso crema, miel, puré de manzana...y úntasela a la corteza.

3 Presiona las letras sobre la guarnición. Deletrea tu nombre—¡o el nombre de tu gato! O pon las letras en orden de A-B-C—cuantas puedas hacer caber—y cómetelas en orden.

vine   vowel   Venus fly trap
vid   vocal   Venus fly trap

¿Cuáles letras pasaron con un Whoooooosh? (zumbido

Ww

walrus
morsa

whiskers
bigotes

waffle
gofre

white
blanco

word
palabra

wrist watch
reloj de pulsera

Pretende que tus oídos pueden sintonizar diferentes canales—uno por el sonido de cada letra. Y pretende que puedes cambiar de canal cuando quieras. De pronto, tus oídos pueden escoger el sonido de una letra a medida que la gente habla, canta o lee...en un autobús, en la radio—¡dondequiera!

Dile a tus oídos que traten de escuchar el sonido de cierta letra. Escoge la W y oirás un zumbido de palabras que tienen el sonido de la **W**: **wish (deseo)**, **where (donde)**, **water (agua)**, **whoops (ups)**, **wow! (¡guau!)**. Cambia de canal y dile a tus oídos que traten de escuchar el sonido **ch**: ahora sintonizarán palabras como **church (iglesia)**, **such (tal)**, **much (mucho)** y **crunch (crujido)**. En cualquier momento, ¡escoge el sonido de una letra y escucha!

¡Los ojos pueden tener canales de letras también! Dile a tus ojos que estén a la caza de cierta letra.

Mira en cajas, bolsas, paquetes. Mira en el correo, en gavetas, en mapas. O dile a tus ojos que busquen pares comunes de letras, tales como la **th**, **ee**, o **st**. ¡O ponte a buscar una palabra entera! Por ejemplo, ¿cuántas veces puedes encontrar la palabra **palabra** en esta página?

¡También puedes hablar en un canal de letras!

Trata de hablar en una oración que use la misma letra varias veces. Mira este ejemplo con muchas **W**s: "Would a walrus want a wonderful waffle? Wow, I would!" (¿Querría una morsa un gofre delicioso? ¡Guau, yo sí!).

Para hacer hoy

Pretende que tu día es como una tienda enorme. Haz una lista de compras tonta de todas las cosas que planeas lograr hacer hoy.

1 Al desayuno, pídele a un adulto que te ayude a crear una página con palabras o dibujos de lo que pudieras hacer hoy.

2 Lleva tu página contigo. Entonces, cada vez que hagas una de las cosas en la lista, búscala en tu página y táchala. ¡Lo hiciste! Añade a la lista cualquier cosa que te haya sorprendido, algo que no sabías que ibas a hacer.

3 Al final del día, lee todas las cosas que hiciste. Será como un cuento de tu gran día.

D d
dog	doll	dress	door	dragon
perro	muñeca	vestido	puerta	dragón

¡A comprar letras!

Si en realidad vas a una tienda, intenta esto: Lleva contigo un sobre grande y llénalo de dibujos o palabras de las cosas que quisieras encontrar.

Recorta cupones, anuncios, o dibujos de catálogos, revistas o periódicos. Entonces, trata de emparejar las palabras en tu sobre de compras con las palabras en las etiquetas o letreros de la tienda. (¡Por supuesto que puedes hacer esto sin tener que comprar absolutamente nada!)

Caza de palabras

Un juego aun mas fácil para cuando estés en la tienda es escoger una palabra y entonces buscarla cuando andes por los pasillos. Algunas palabras que probablemente verás son: **new (nuevo)**, **best (mejor)**, **extra**, **size (tamaño)**, **real**, **now (ahora)**, **low (bajo)**, **more (mas)**, **super**, **fresh (fresco)**, **sweet (dulce)**, **family (familia)**, y **large (grande)**. Puedes contar hasta cuantas veces encuentras tu palabra.

¡Yo espío!

Puedes jugar ¡Yo espío! con cualquier letra que escojas, dondequiera que estés.

Escoge una letra. Cuando andes caminando, búscala en los buzones, en los nombres de las calles, en las señales de tráfico y en las vidrieras. Cuando estés en el carro, trata de encontrar tu letra en un mapa, en la guantera, ¡o en los letreros que te pasen por enfrente!

O puedes jugar ¡Yo espío! con un amigo. Nota algo cercano que empiece con una letra que tu escojas. (Digamos que escoges la **y** y ves un yogur. ¡Mantén tu secreto!) Entonces tu amigo trata de adivinar lo que has espiado. Entonces cambien. Ahora deja que tu amigo escoja la letra y espíe algo, y tu adivinas lo que pudiera ser.

En estas dos páginas, ¿puedes espiar un montón de palabras que empiezan con **Y**? (Cada página de este libro tiene palabras que empiezan con cierta letra que puedes espiar).

Yy

yak	yellow	yo-yo	yawn
yak	amarillo	yoyo	bostezo

¡Espera, hay mas diversiones! Puedes jugar ¡Yo espío! con los colores. ¿Cuáles cosas normalmente de color amarillo puedes encontrar en estas páginas? (cosas que no estén coloreadas de amarillo solo para este libro). Ahora, ¡Mira bien! ¡Fíjate bien! ¿Cuántas cosas amarillas puedes espiar desde allí donde estás?

Ahora, ¡mira bien y fíjate otra vez! ¿Hay algo allí mismo donde estás que empiece con la letra **Y**? (Algo que puedes encontrar dondequiera que estés es **You (tú)**. ¡**You** empieza con una **Y**!

Puedes jugar un juego de ¡Yo espío! por donde vayas, en la tienda, en el parque, en la casa de un vecino. ¡Hasta puedes jugarlo en la cama antes de dormirte!

Letra Diaria de la Suerte

Empieza tu día con una letra—cualquier letra—y entonces ve en busca de esa letra el día entero. Fíjate si puedes encontrar tu letra en palabras que lees. Busca con atención el sonido de tu letra en palabras que oyes.

También puedes hacer cosas que empiecen con tu letra. Por ejemplo, si escoges la letra **L** puedes **limpiar**, **leer**, **levantarte**, **lavar** o **luchar**.

Para mas diversión intenta un día de rima. Escoge una palabra y entonces pon atención y busca otras palabras que le hagan rima. Si las recuerdas o las escribes en una lista, léelas al final del día como una poesía sin sentido. Digamos que hayas escogido **ave**: Tu lista pudiera tener las palabras **lave**, **cabe**, **nave**, **sabe**, y **llave**.

L l

lion	leaf	letter	ladybug	lamp	leap
león	hoja	letra	mariquita	lámpara	salto

Caras de Letras

Cuando ya hayas escogido tu letra, la encontrarás por todas partes, impresa en papeles, letreros, camisas, pegatinas, ¡hasta en las chapitas que identifican a tu perro! Igual que tú puedes hacer diferentes caras—y sigues siendo tú—las letras también pueden tener diferentes caras. La misma letra puede ser alta o baja, redonda o afilada, torcida o en forma de bloque.

Recorta las que puedas y pégalas en una página o mételas en una bolsa plástica resellable.

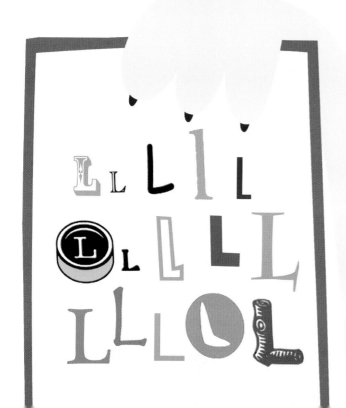

Un Zoológico suave de pretzel

Haz y hornea un alfabeto — ¡y cómetelo también! Cualquier masa que puedas extender y darle forma de soga puede ser usada — masa de galleta dulce, o masa de pan, o masa de "pretzel" (galleta salada en forma de lazo). Puedes usar cualquier receta de masa favorita de tu familia.

Aún mas fácil: Usa masa congelada de pan que se puede comprar en la tienda. Puedes usar masa de pan, masa para palitos de pan, o masa para pizza, y con ella formar tus letras de "pretzel".

Haz algunas letras para deletrear tu nombre, o si tienes mucha hambre, ¡hornea el alfabeto entero!

Vas a necesitar la ayuda de un adulto, y también:

masa congelada de pan (mas o menos una libra)

sal gruesa (también llamada sal kosher), si quieres que tu "pretzel" esté salpicado por arriba con granos de sal

Un **huevo**

zebra   zipper   zoo
cebra   zipper   zoológico

1 Descongela la masa de pan. Cuando ya puedas estirarla pártela en pedazos de tamaño de malvariscos grandes.

2 Engrasa una bandeja de horno o ponle un rocío de aceite.

3 Una por una, enrolla los bolas de masa en forma de soga, del grueso de tu dedo gordo. Entonces dobla o parte la soga para formar tu letra. Un poquito de agua ayudará a que se pegue.

4 Pon cada letra "pretzel" en tu bandeja de horno. Deja espacio entre las letras. Pídele a un adulto que precaliente el horno a 350 F.

5 En un pequeño tazón, revuelve el huevo con unas gotas de agua. Ponle un toque de agua a cada letra con una brocha. Si quieres "pretzels" salados, salpícalos con un poquito de sal por arriba.

6 Ahora es el momento para que un adulto deslice la bandeja en la reja del medio del horno. Veinte minutos mas tarde tus letras deben estar listas: de un color dorado y crujientes.

Cuando tus "pretzels" se enfríen, estarán listos para comer o para ponerlos juntos y así deletrear algunas palabras. (¡Pero acuérdate de hacer el sonido de cada letra antes de cortarle la cabeza con tus dientes!)

Una Arcilla de Nueces

Esta simple masa de nueces es super fácil de torcer para hacer letras. Solo enrolla una bolita para formar un leño, pártelo en pedacitos, ¡y empieza a "escribir"! Luego, para "borrar", enrolla las letras de nuevo en forma de bola ¡o...trágatelas! ¡para adentro! Son comestibles.

Vas a necesitar:

1 taza de **mantequilla de maní** (cremosa—sin trocitos)

1 taza de **miel** (o sirope para panqueques)

2 tazas de **leche en polvo**

1 Pon la mantequilla de maní y la miel o sirope en una bolsa de plástico resellable. Aprieta y aplasta para mezclar.

2 Añade mas o menos medía taza de la leche en polvo y mezcla. Haz esto tres veces mas, hasta que la masa esté bien mezclada.

3 Ahora limpia un espacio para trabajar: un pedazo largo de papel encerado o una bandeja para hornear galletas te servirían bien.

4 Lávate las manos. Ahora toma un poquito de masa (deja el resto dentro de la bolsa para mantenerla fresca y limpia) y ¡amásala! ¡golpéala! Alísala para poder enrollarla en leños y darle forma a tus letras.

También puedes usar cualquier masa de galletas para formar letras. ¡Pero esas tendrías que hornearlas antes de saborearlas!

Nn

newt   nose   neck   necklace
tritón   nariz   cuello   collar

Una Arcilla Rocosa

Esta masa, que no se hornea, endurece para que puedas quedarte con tu alfabeto. Aunque **no puedas comerte** la masa, puedes formar pequeñas letras para ensartarlas y hacer un collar. Las letras grandes pueden ser colgadas como adornos. O imagina que estas letras son figuras alfabéticas de acción. ¡Inventa historias sobre tus letras!

Vas a necesitar: 2 tazas de **sal**

2/3 taza de **agua**

1 taza de **maicena** (y un poquito más)

otra 1/2 taza de **agua fría**

1 Para las primeras dos etapas necesitas a un adulto. Pon la sal y 2/3 taza de agua en una olla. Cuando la mezcla comience a hervir, apaga el fuego.

2 En un pequeño jarro o tazón, mezcla 1 taza de maicena con la 1/2 taza de agua fría. Añade esta mezcla al aqua salada caliente y revuelve rápidamente hasta formar una pasta espesa. (Si no está espesa, revuélvela brevemente a fuego lento). Vierte la masa tibia sobre una mesa espolvoreada con un poco de maicena.

3 ¡Es tu turno! Amasa la pasta—apriétala y estírala hasta que esté lisa. Entonces enrolla pedazos de pasta para hacer leños. Pártelos para formar letras. Si la pasta está pegajosa, polvoréala con maicena. Si tienes planes de colgar o suspender tus letras, usa un palillo para hacerle un agujero a cada una.

4 Deja que tus letras se sequen. Esto pudiera tomar dos días. (Un adulto puede ponerlas en una bandeja de hornear en un horno a 350º. Cierra la puerta y apaga el horno. Las letras estarán secas por la mañana). Puedes pintar tus letras o ponerles pegamento y polvo brillante.

Nudos y Nudos
de Letras

Un hilo, un trozo de espaguetis cocido, una cuerda de saltar, un cordón de zapatos—puedes cambiar cualquiera de estas cosas a letras. Pretende que son letras que se han desatado—igual que un cordón de zapatos. Puedes enlazarlas o torcerlas de nuevo en forma de letra.

Haz cualquier letra que quieras, doblando, torciendo o enlazando tu "**hilo**". "**Bórrala**" estirándola, y entonces haz otra letra. O a ver si puedes cambiar una letra en otra simplemente torciéndola o doblándola. Por ejemplo, la **K** se convierte en **R** si pellizcas las puntas de arriba, cerrándolas. Y la **R** cambia a una **B** si pellizcas las puntas de abajo, cerrándolas.

Pon atención y busca otras fibras con las que puedas escribir, como bandas elásticas, tiras de papel de aluminio, pajitas, hebras de hierba o vid, o cinta.

Kk

kangaroo   knot   key
canguro   nudo llave

¡Puntos y Puntos de Letras También!

Cuentas, frijoles secos, conchas, piedritas y botones—
un puñado de casi cualquier objeto pequeño puede hacer
letras de punto a punto. Son como tu propia banda de
música, deletreando letras o palabritas.

Solo pon los puntos uno al lado
de otro, formando las líneas y
curvas que hacen cada letra.
A ver si puedes cambiar una
letra a otra moviendo algunos de los
puntos. Por ejemplo, si tomas los
puntos a la izquierda de la **t** y los
pones a la derecha, puedes hacer
una **f**, y deletrear la palabra **if**,
en inglés. Para "borrar" tus letras, amontona los puntos
en una pila ¡y empieza de nuevo a escribir!

¿Puedes ver las tres palabras
(en inglés) que los insectos han
deletreado en esta página?

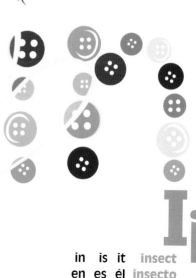

in   is   it   insect
en   es   él   insecto

Escribe y Elimina En todas Partes

Con solo dos cosas, puedes crear una **página mágica** y así puedes escribir y borrar tantas veces como quieras, en cualquier sitio.

Vas a necesitar:

tu **página** — la tapa de una caja de zapatos, un molde para hornear, un molde para tartas, o cualquier recipiente poco profundo, con un borde

tu **polvo de escribir** — azúcar, sal, harina, cacao en polvo, migas de pan, Jell-o, polvo para hacer bebidas…

1 Cubre tu página ligeramente con tu polvo de escribir.

2 Escribe tus letras, palabras o mensaje en el polvo.

3 Borra lo que has escrito agitando suavemente la página.

Ee

elephant   egg   eight   eagle   eye   ear   eyeglasses
elefante   huevo   ocho   águila ojo   oreja gafas

Afuera, puedes encontrar todo tipo de páginas. Escribe con el dedo en una caja de arena o en una playa. Escribe con un palito en un jardín, en piedritas, o en tierra polvorienta. Escribe con un carámbano o con tu mitón en la nieve. Escribe con una piedra o una tiza en una acera —y entonces ¡bórralo todo rociándolo con una manguera!

Almohadas de Letras

Aquí tienes otra divertida pizarra para dibujar letras. Pon un poco de crema de afeitar, pudín, pintura de témpera, crema de trigo o cualquier otro líquido espeso que se pueda aplastar, dentro de una bolsa resellable de plástico. Solo necesitas lo suficiente para crear una almohada muy delgada. Sella la bolsa firmemente. (Si quieres hacer un sello adicional, usa cinta adhesiva). Usa el dedo para escribir sobre la bolsa: una letra clara se destaca cuando la pasta se resbala y despega. Para borrar, solo alisa de nuevo la almohada.

Pinturas de Impresión

Con esta "pintura" especial, puedes imprimir letras y palabras sobre la piel—y quitártelas con agua fácilmente. Escribe tu nombre, una palabra especial para el día, o hasta el alfabeto completo.

Para hacer letras con **Pintura para el Cuerpo**, vas a necesitar:

- 1 cucharada de **loción para bebés** (prueba la Johnson's Baby Lotion o la crema facial [cold cream] de Pond's)
- 2 cucharadas de **maicena**
- 1 cucharada de **agua**
- unas gotitas de **colorante**, de cualquier color
- una pequeña **brocha de pintar** nueva, o un **hisopo**

1 En un pequeño vaso de papel, mezcla los primeros 3 ingredientes.

2 Añade un par de gotas de colorante y mezcla bien. (Más gotas harían la pintura más oscura, que pudiera ser más difícil de remover).

3 Usa la brocha o el hisopo para dibujar las letras sobre la piel. Una capa ligera es suficiente. Entonces deja que las letras se sequen para que no se embarren. Para remover las letras de la piel, frota con otro poquito más de loción y lávate.

Pp

pocket	pencil	pen	paintbrush	penguin
bolsillo	lápiz	pluma	brocha	pingüino

Esta pintura es perfecta para escribir sobre un lavabo, o bañadera, o losetas. Pinta con los dedos algunas palabras mientras te lavas, y entonces…borra las letras lavándolas.

Para **Pintura de Bañadera**, vas a necesitar:

una **bandejita** (un cartón de huevos sería excelente)

1/3 taza de **jabón líquido para lavar platos**

1 cucharada de **maicena**

unas gotas de **colorante**

1 Mezcla el jabón y la maicena en una pequeña taza.

2 Vierte la mezcla en tu bandeja. Si quieres tres colores, pon una cucharada de la mezcla en tres partes separadas de tu bandeja.

3 Añade 1 ó 2 gotas de cualquier color que quieras a cada taza en tu bandeja, y mezcla. ¡Usa una brocha o tu dedo para empezar a escribir!

joy   jellyfish   Julia
alegría   aguamala   Julia

También puedes escribir en una "página" hecha con crema de afeitar.
Echa un chorrito sobre el mostrador o la loseta y extiéndelo para hacer tu "**hoja de papel**", y ¡deja que tu dedo sea tu "**lápiz**"!

Tu mundo está lleno de otras páginas donde puedes escribir y borrar. Si un adulto lo aprueba, escribe con un dedo sobre un espejo con vapor, o una ventana cubierta de escarcha, ¡o tu auto cuando necesite que lo laven!

Truco Mágico de Alfabeto

¡Tu cuerpo entero sabe leer!
No necesita los ojos para ver las letras.
Prueba este truco genial:

1 Cierra los ojos. Pídele a un amigo que te tome la mano y te dibuje una letra con el dedo sobre la mano.

2 ¿Puedes adivinar cuál es la letra sin mirar? ¡SÍ puedes!

El resto del cuerpo sabe leer también. Dile a tu amigo que te escriba sobre la espalda. O solo cierra los ojos y dibuja una letra en cualquier parte de tu propio cuerpo. Cualquier letra que los ojos conozcan, el cuerpo entero la conoce.

¿Listo para una diversión aún mas divertida?

¡Trata de dibujar letras invisibles sobre una mesa con tu codo!
¡Trata de dibujar letras en el suelo con tu dedo gordo!
¡Puedes hacerlo!

M m

mouse | magician | moon | mushroom | mother | mouth
ratón | mago | luna | hongo | madre | boca

¿Quieres convertir esto en un truco mágico? Vas a necesitar a un ayudante, y también a alguien que te sirva de audiencia.

1 Párate al lado de tu ayudante, quien te pondrá el brazo suyo detrás de la espalda.

2 Pídele al miembro de tu audiencia que señale una letra o palabra. ¡Pero cierra los ojos para que no puedas verla!

3 Pretende que estás concentrándote—con gran esfuerzo. (Mientras tanto, tu ayudante te escribe la letra o palabra escogida sobre la espalda ¡teniendo cuidado que la audiencia no lo vea!)

4 Entonces usa tus poderes mágicos…¡y adivina la respuesta!

Haz la O con el Cuerpo y las demás Letras También

La mano puede formar letras ¡aún sin lápiz o crayón! ¡Y adivina otra cosa! El cuerpo entero puede formar las letras del alfabeto doblándose, cruzando o conectando las manos, los brazos y las piernas.

Empieza con las dos manos. ¿Qué letras puedes hacer tocando o conectando los dedos? Una **O** es bastante fácil, y el pulpo te está mostrando una manera de hacer una **T**. ¿Qué mas puedes formar? Si mantienes el pulgar alejado de la mano, haces una **L**—¿la ves?

¿Cómo harías una **K** con el cuerpo? A no ser que fueras un avestruz, ¡probablemenete no lo harías enlazando el cuello con el de otro avestruz!

ostrich	owl	octopus	on	over	one	orange
avestruz	búho	pulpo	en	sobre	uno	naranja

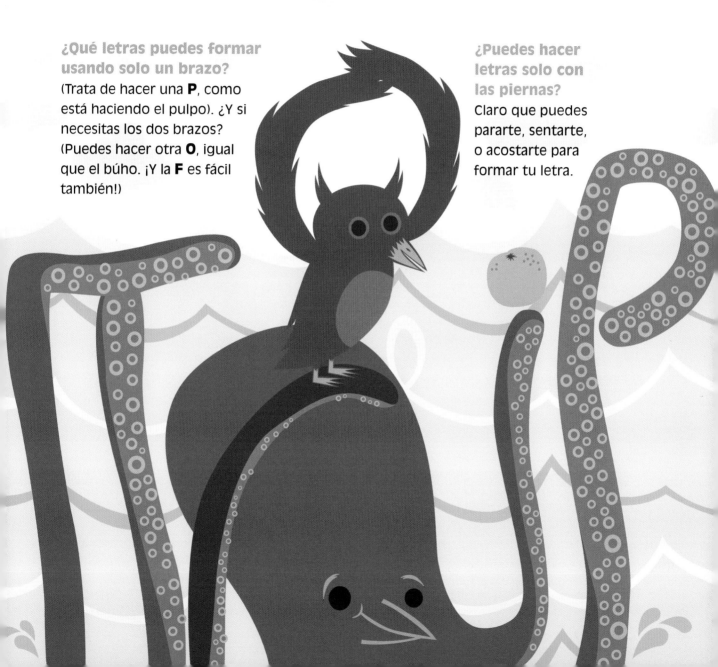

¿Qué letras puedes formar usando solo un brazo?
(Trata de hacer una **P**, como está haciendo el pulpo). ¿Y si necesitas los dos brazos? (Puedes hacer otra **O**, igual que el búho. ¡Y la **F** es fácil también!)

¿Puedes hacer letras solo con las piernas?
Claro que puedes pararte, sentarte, o acostarte para formar tu letra.

Letras Extra con el **Cuerpo**

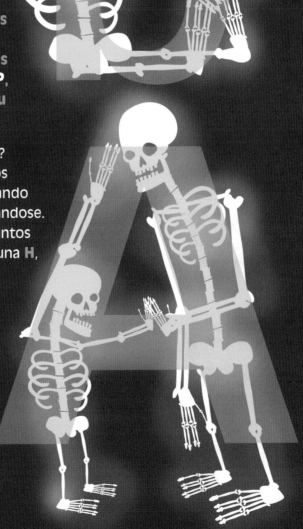

Ahora trata de hacer una letra con el cuerpo entero. Una X es fácil: Solo tienes que tirar los brazos hacia afuera y hacia arriba y separar las piernas deslizándolas hacia afuera. Otras letras fáciles son la P, la Y, la F, la R, la K, la C y la Z. ¿Puede tu cuerpo formar otras?

¿Qué letras puedes hacer con un compañero? Tú y un amigo pueden formar una letra juntos agarrándose de las manos, cruzando o enlazando las piernas o los brazos, y doblándose o estirándose. Los esqueletos aquí están formando una A juntos —¿puedes hacer eso? Trata de hacer una M, una H, o una D. O prueba con algunas de las letras minúsculas también.

¿Crees que puedas deletrear tu nombre con el cuerpo? Solo cambia de forma letra por letra —¡es el baile de tu nombre!

Xx
x-ray
rayos-X

A ver que otras palabras
puede deletrear tu cuerpo,
¡o trata de recorrer el
alfabeto entero haciendo
las 26 letras con el cuerpo!
Prueba con las letras
mayúsculas y las
minúsculas también.

Un Edredón Rápido con el Alfabeto

Recorta letras de revistas o periódicos para crear estampados…como en las pijamas o las sobrecamas. O voltea hacia abajo tus cuadrados de letras y haz un juego de memoria haciendo parejas con las letras.

Recorta un cuadrado que tenga una letra escrita. Usa tijeras sin filo o pídele a un adulto que te ayude. Guarda tus cuadrados de letras en un sobre y entonces ponlos sobre el piso, o una mesa, o tu cama cuando estés listo para jugar.

Para hacer un edredón de letras, creas un estampado en vez de deletrear palabras. Simplemente, lo que estás haciendo es arreglando tus cuadrados de letras en filas. Prueba con estos:

Letras mayúsculas al lado de letras minúsculas:	Letras con curvas al lado de letras sin curvas:	Letras invertidas al lado de letras derechas:
G e T x U q P a Z w H m C l	O I Q L C H T B V S X P	A ʌ C Ò E Fɔ H ⊥ H C ⅃

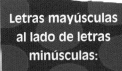

queen quilt quarter question mark
reina edredón cuarto signo de interrogación

En el juego de parejas de letras, necesitas un par de cada una de las letras.

Mientras mas pares incluyas, mayor será tu desafío. (Hasta puedes escoger una letra grande y una pequeña por cada par— como la **Q** y la **q**. Ahora, el objetivo es encontrarle a cada letra su pareja.

1

Pon todos tus pares de letras al revés para no ver las letras. Revuélvelas para no saber donde se esconde cada letra.

2

Voltea una letra. Ahora adivina donde estará su pareja y dale la vuelta a ese cuadrado. ¿Hiciste una pareja? Si es así, quita ámbas letras de la mesa de juego. ¡Muy bien! Si no hiciste pareja, voltea las letras de nuevo al revés y trata de recordar donde están.

3

Voltea de nuevo otro cuadrado. Ahora adivina — o acuérdate — donde estará la pareja de esa letra…y dale la vuelta a ese cuadrado. ¿Acertaste?

4

Continúa volteando las letras y adivinando hasta que hayas encontrado la pareja de cada letra y hayas eliminado todas las letras del tablero.

Umbrella
paraguas

Pegatinas por todas **Partes**

Puedes hacer tus propias pegatinas (stickers) usando palabras, letras e imágenes que encuentras en revistas o periódicos. Es una diversión en tres partes:

Primero encuentras las palabras. Segundo, las pintas con tu pegamento especial. Y tercero, ¡pegas las pegatinas por tu mundo! ¡Convierte tu habitación en un mundo de palabras!

Vas a necesitar:
1 paquete de **gelatina sin sabor**

1 cucharadita de **vainilla**, menta u otro sabor

6 cucharadas de **agua**

fish
pez

1 Reúne tus palabras. Un adulto puede ayudarte a escribirlas en pedacitos de papel, o puedes recortar palabras de algunas revistas o periódicos.

2 Revuelve los 3 ingredientes en un pequeño plato hondo.

Uu

unicorn   umbrella   under   up
unicornio   paraguas   debajo   arriba

3 Usa el dedo o un pequeño cepillo para untarle un poquito de pegamento a cada palabra por detrás.

4 Deja que los papeles se sequen. Entonces puedes lamerlos y pegarlos en cualquier superficie plana y seca.

Cuando vengan amigos a visitarte, dales un tour de tu habitación ¡y léeles las palabras que conoces!

Añade o cambia palabras cuando quieras. Y si alguna superficie parece estar pegajosa cuando quites tu etiqueta, límpiala con un paño mojado.

globe
mundo

bed
cama

desk
escritorio

bird
pájaro

"Tendedero"
De Palabras Recortadas

Con un pedazo largo de hilo, estambre o cuerda puedes hacer un tendedero que puedas leer. Solo añade palabras y dibujos usando clips, pinzas para tender, o cinta adhesiva. ¡Cada día puedes poner a secar un grupo nuevo!

Pídele a un adulto que te enganche las dos puntas de tu cuerda—en tu habitación, en la cocina, en el patio. ¡En cualquier lugar! Entonces cuelga con un clip lo que quieras exhibir. Aquí tienes algunas ideas:

Cc

clothesline	cloud	cat	cow	can	clock	cheese
tendedero	nube	gato	vaca	lata	reloj	queso

- Recorta letras gigantes de revistas viejas para deletrear tu nombre.

- Haz un cordel de palabras o dibujos que empiecen todos con la misma letra.

- Haz una oración con palabras o dibujos que encuentres.

- Cuelga palabras que compartan un sonido especial. Por ejemplo, las palabras **cruz**, **cráter**, **crema** y **crudo** tienen el mismo sonido de **cr**.

- ¡Trata de hacer un tendedero de rimas! Cuelga una palabra o dibujo y entonces encuentra algo que le haga rima. Por ejemplo, si cuelgas una **cinta**, puedes añadir palabras que le hagan rima, como **tinta**, **quinta**, **pinta**, **finta**, ¡y quizás hasta **precinta**!

Leyendo el
Arcoiris

Escoge un color, cualquier
color. Entonces, mira
alrededor de la habitación,
al otro lado del patio,
o por la ventana:
¿Puedes encontrar
cosas que son del
color que escogiste?
¡Es asombroso!
Solo le dices a los
ojos que
encuentren un
color, ¡y pueden
hacerlo!

Rr

rat	raccoon	rabbit	rhino	reindeer	red	rainbow
rata	mapache	conejo	rinoceronte	reno	rojo	arcoiris

¡Cada color viene en una variedad de tonos y combinaciones y tintes! Algunos son mas claros, otros mas oscuros, otros están mezclados con otros colores.

Mira las páginas de este libro. Muchas muestran distintos tonos del mismo color. Por ejemplo, esta página tiene muchos grises diferentes: gris claro, azul-gris, gris-rosado, gris oscuro. Para divertirte, trata de ver cuantos distintos tonos del mismo color puedes encontrar en una página…en este libro, o en cualquier otro libro que te guste leer.

Juegos de Bingo

¡Puedes convertir un juego de bingo en un juego de alfa-bingo! ¡Es fácil! Puedes hacer tus propios cartones de bingo cuando quieras, pequeños o hasta gigantes.

1 Haz algunos cartones de bingo con letras en vez de números. Cualquier tamaño o tipo de papel puede servirte. (El lado en blanco de una tarjeta de felicitación sería excelente). Dibuja tres, cuatro o cinco cuadritos (espacios) en una hilera horizontal. Entonces dibuja el mismo número de cuadritos en hilera vertical.

2 Llena cada espacio con una letra diferente. Cualquier letra puede llenar cualquier espacio, pero procura que cada cartón de bingo sea diferente.

3 Cada jugador necesita un buen montón de marcadores, tal como frijoles, piedrecitas, centavos, M&Ms, pedacitos de cereal, o saltamontes. (Bueno, ¡quizás no sea buena idea lo de los saltamontes!

Cada jugador obtiene un cartón de bingo y trata de ser el primero en cubrir todas las letras de cualquier hilera. Esa hilera puede ir de arriba a abajo, de lado a lado, o de esquina a esquina.

Para cantar las letras, usa cualquier libro o revista. Solo cierra los ojos, apunta a una página con letras, y di la letra que estás tocando. Cualquiera que tenga esa letra en su cartón puede cubrirla.

Gg

grasshopper   green   game   ghost
saltamontes   verde   juego   fantasma

Tres en Raya (Gato)

En vez de la **X** y la **O**, tú y un amigo escogen, cada uno, una letra diferente para cada juego. O prueba un juego donde tu haces la letra mayúscula y tu amigo hace la letra minúscula ¡como los fantasmas en este dibujo! Las mismas reglas de Tres en Raya (Gato) se usan: el primer jugador que llene tres espacios con una letra — sea de lado a lado, de arriba a abajo, o de esquina a esquina — es el ganador.

Diez Cositas Mas Para Probar

Tiempo para Teclear

Las máquinas de escribir, las computadoras, o hasta los teléfonos tienen el alfabeto en las teclas. ¿Puedes encontrar tu nombre? ¿Puedes identificar todas las letras del alfabeto en orden?

Pintura de Huevos

Con una pequeña brocha, puedes pintar letras en galletas dulces o saladas, tostadas, o hasta chips (papitas). Solamente mezcla una yema de huevo con unas gotas de agua. Pinta tus letras y entonces rápidamente tuesta tu golosina para cocinar la pintura de huevo.

Muchas Manchas

Estas páginas también están repletas de dibujos y diseños: ¡Has visto manchitas y lunares! ¡Has visto rayas gruesas y finas! Has visto patrones de cuadros. Hojea de nuevo el libro y mira a ver cuantos ejemplos de cada diseño puedes encontrar. Y fíjate en lo que llevas puesto hoy: ¿Tienes algún estampado en tu ropa?

Vestido de Palabras

A ver cuantas letras o palabras puedes encontrar sobre lo que llevas puesto ahora. ¿Hay un letrero en tu camisa? ¿Hay palabras en las suelas de tus zapatos? ¿Hay algo escrito en la etiqueta dentro de tu chaqueta o tu suéter?

Letras en un Destello

Lleva una linterna a la cama y dibuja letras en el techo oscuro. O deslízate bajo las sábanas y trata de leer con una linterna en tu "tienda de campaña".

Escoge Cualquier Letra

Busca aquí o en cualquier página, y trata de encontrar palabras que empiecen con tu letra. Descubre palabras que terminen con esa letra. Halla tu letra metida dentro de algunas palabras.

Letras Dobles

¿Puedes encontrar las palabras en esta página que tienen dos letras iguales, una al lado de la otra? (Aquí tienes un ejemplo: la palabra en inglés **letter** (letra) tiene dos **t**s).

Letras al Revés

Pon este libro (¡o cualquier libro!) boca abajo. Casi todas las letras parecen estar mal escritas, ¿no? Pero puedes encontrar letras que no parecen estar boca abajo. ¡Sí, algunas lucen igual al revés que al derecho! Y aún mas increíble, algunas letras se convierten en otras letras cuando están patas arriba. ¿Puedes encontrarlas?

¡Ponte en forma!

Revisa este libro en cualquier página y mira a ver que formas puedes encontrar. ¿Hay algunos círculos? ¿Cuadrados? ¿Triángulos? ¿Rectángulos altos? ¿Rectángulos anchos? O mira a tu alrededor, allí mismo donde estás. ¿Puedes ver otras cosas que tengan esas formas?

Un Bolsillo Lleno de Palabras

Solo para divertirte, escoge una palabra—¡cualquier palabra! —escríbela en un papelito y llévala contigo durante todo el día. Guárdala en tu bolsillo. Ponla al lado de tu plato a la hora del almuerzo. Escóndela debajo de tu almohada mientras estás leyendo. Muéstrasela a cada persona con quien te encuentres. Solo para hacerte el tonto, pudieras escribir la palabra "foot" (pie) y guardarla en tu zapato todo el día. O escribe la palabra "smile" (sonrisa) y fíjate si cada persona se sonríe cuando le enseñas tu palabra.

Una Nota para tu Adulto Favorito

¡Usted es el primer maestro de su hijo!
Usted es la persona que mejor sabe como estimular a su joven lector. Las simples ideas escritas a continuación están diseñadas para darle a usted mas confianza y conocimiento. Modifíquelas como a usted le parezca para que funcionen en su hogar con su entusiasmado estudiante.

Escuche Atentamente

- Escoja algunos momentos de cada día cuando ustedes solamente se escuchen y **se hablen**.

- Ponga a un lado cualquier otra cosa que usted esté haciendo en ese momento. No use teléfonos. No mire la tele. Que nadie mas hable. Los niños necesitan **escucharse hablándose a sí mismos**. Necesitan verlo a usted escuchándolos para aprender a escuchar.

- Demuéstrele a su hijo que usted está escuchándolo de verdad. **Mírelo directamente a los ojos**. Observe atentamente. Comparta su interés sonriéndole, aprobando con la cabeza, arqueando las cejas. Los niños deben sentirse cómodos probando palabras y creando oraciones.

- Usted puede **corregir sus palabras o frases**, pero solo de vez en cuando.

Háblense Atentamente

- Es útil **repetirle a su hijo** lo que él o ella acaba de decir.

- **Expréselo mas claramente**, si usted lo desea. Esto ayuda a los niños a saber que han sido comprendidos. ¡Les asegura que las palabras sí pueden funcionar!

- **Haga preguntas**. Pregúntele: "¿Y entonces qué sucedió?" Dígale: "Cuéntame mas", o "¿Qué mas viste u oíste?"...

- Anime a su hijo a **dar detalles**.

- **Use todo tipo de palabras** cuando usted hable. No necesita usar palabritas para niños siempre.

- **Hable claramente**. Tome tiempo extra para decir palabras nuevas varias veces. Puede explicar lo que significa una nueva palabra "grande" y deje que sea un premio especial o un "secreto" que comparten. Adopte palabras nuevas díariamente— y **¡diviértanse!**

Lean Atentamente

- Descubra cuando es que su hijo está mas dispuesto a sentarse tranquilo y compartir un rato calladamente. ¿Es antes de acostarse? ¿Después del almuerzo? ¿En el auto? Haga esa **una hora habitual para estar juntos** díariamente.

- Lean juntos de cualquier manera que les guste. **Permita que su hijo sujete el libro y voltee las páginas.** Apunte a los dibujos. Apunte a las letras o las vocales. Haga preguntas tales como: "¿Qué tú crees que va a suceder ahora?" o "¿Qué harías tú?" "¿Cuál es tu parte favorita de este cuento?"

- Despúes de leer un libro, permita que su hijo cuente de nuevo la historia. **Hágale preguntas sobre la historia**. Háblele sobre la historia mas tarde durante el día: "¿Te acuerdas? El gigante del cuento que leímos también llevaba un pantalón anaranjado…"

- **Lean el mismo cuento otro día**. A medida que la historia se le va haciendo mas familiar, anime a su hijo a leer en voz alta cualquier frase que él o ella ya esté anticipando. Apunte a las palabras también, a medida que las vaya reconociendo.

- **Pida prestados algunos libros de la biblioteca**: libros fáciles ilustrados, libros de rimas, libros de abecé—y cuentos mas largos, tanto para leer en voz alta como para compartir. Manténgalos al alcance.

- Demuéstrele a su hijo que **a usted también le encanta leer**, leyendo al lado de su joven lector. Comparta algo de lo que usted está leyendo.

Y lleve este libro dondequiera que ustedes dos vayan.

No solamente está repleto de ideas, sino que también está lleno de palabras y dibujos que ayudarán a su joven a dominar las partes integrantes de leer y aprender.

MICHAEL

Nombres Revueltos

Escribe tu nombre en una tira de papel. Recorta las letras para que cada letra esté separada de las otras. Ahora cierra los ojos y revuelve las letras. Bien, ahora abre los ojos y colócalas de nuevo en el orden correcto.

O prueba esto: Cuando cierres los ojos, pídele a alguien que le quite una letra a tu palabra, y que junte el resto de las letras. ¿Te das cuenta cual es la letra que falta? Recolócala y entonces trata de hacerlo otra vez quitando otra letra. (¿Es demasiado fácil? Si es así, trata de revolver las letras y quitar una letra).

Intenta hacer esta actividad con todo tipo de palabras que puedas escribir o rec___ar de una revista o periódico.

Dos idiomas

Este libro fue escrito originalmente en inglés, y su meta es ayudar a niños pequeños que van a entrar a escuelas donde el idioma principal es el inglés. Por eso, cuando hojee estas páginas, es posible que sienta alguna confusión por el hecho que la mayoría de las palabras en español no comienzan con la misma letra que en inglés. La mayoría de las páginas de este libro destacan una letra y varias palabras que comienzan con esa letra. Por ejemplo, la página que destaca la letra "C" presenta las palabras cat (gato) y cow (vaca), pero ninguna de las dos comienza con la letra "C" en español. Por eso, usted verá las palabras en inglés y también en español al final de la página. En las páginas 18 y 19, cuando la actividad pide que se encuentren cosas que empiezan con la letra "Y", esas palabras estarán en inglés. A través del libro, usted encontrará algunas palabras en inglés, en paréntesis, para mostrar la palabra o el sonido que la palabra en español no puede hacer. Pero lo principal: No se preocupe por esto.

Todo lo que este libro le anima a hacer con palabras y letras en inglés, también se puede hacer en español. Ayudar a un joven a hablar, leer o escribir en cualquiera de los dos idiomas aumentará su habilidad para aprender ámbos idiomas.

ilustrador, o editor de unos cien libros para niños y adultos. Durante mas de 30 años, Michael se ha dedicado a ___edio de una gran variedad de experiencias educativas. Como autor invitado, orador, y director de talleres, ___iversidades y conferencias, compartiendo sus talentos, habilidades creativas, pasión y humor. Su sitio en la ___ión sobre sus libros y proyectos actuales, tanto como imágenes, poemas y cuentos sobre los gatos, ___e su hogar en el centro de Ohio.

___Columbus College of Art and Design. Ha trabajado en el sector de moda y textil como dueño y ___ity.